이 책의 숨은 저자이신
하나님께 영광을 돌려 드립니다.

_____ 에게

_____ 드림

만화

한눈에 읽는 교회사

| 하권 |

만화
한눈에 읽는
교회사 |하권|

© 생명의말씀사 2012

2012년 1월 30일 1판 1쇄 발행
2022년 3월 11일 6쇄 발행

펴낸이 | 김창영
펴낸곳 | 생명의말씀사

등록 | 1962. 1. 10. No.300-1962-1
주소 | 서울시 종로구 경희궁1길 6(03176)
전화 | 02)738-6555(본사)·02)3159-7979(영업)
팩스 | 02)739-3824(본사)·080-022-8585(영업)

지은이 | 크레마인드(staff - 원화 김태호, 스토리 김덕래, 컬러링 김현미)
감수 | 이상규

기획편집 | 구자섭, 김정주
디자인 | 김은경, 최윤창
인쇄 | 영진문원
제본 | 다온바인텍

ISBN 978-89-04-03127-6 (04230)
ISBN 978-89-04-00155-2 (세트)

저작권자의 허락없이 이 책의 일부 또는 전체를
무단 복제, 전재, 발췌하면 저작권법에 의해 처벌을 받습니다.

이 책이 왜 나왔을까요?

사람들은 역사를 배우지만 따로 교회사를 배우진 않습니다.
신학교에 들어가서 공부하지 않는 이상 교회에 오랫동안 다녔던 신자들조차도 교회 역사에 대한 지식이 그리 깊지 않습니다. 많은 사람들이 역사를 통해서 교훈을 얻듯이 교회사를 통해서 얻게 되는 하나님의 특별한 은혜와 교훈이 있습니다. 저 자신도 이번 책을 준비하면서 많은 것을 깨닫게 되었습니다.

교회사에 관한 서적과 관련 다큐멘터리를 보면서 단편적인 지식은 얻을 수 있었지만, 정작 교회사의 전체 흐름을 이해하기는 쉽지 않았습니다. 그래서 일반 신자들도 쉽게 이해할 수 있도록 교회사의 흐름을 알기 쉽게 만화로 제작하면 좋겠다는 생각을 하게 되었습니다. 아무쪼록 「만화 한눈에 읽는 교회사」하권을 통해서 교회 역사에 감춰진 파란만장한 이야기를 접하게 되시기를 바랍니다. 또한 감수를 맡아 주신 이상규 교수님께 깊은 감사의 말씀을 드립니다. 특히 책의 완성에 도움이 주신 생명의말씀사에 다시 한번 감사드립니다.

Contents

1 중세 로마 가톨릭의 타락 11

중세 교회의 몰락과 교황권의 약화 / 교황의 아비뇽 유수 / 흑사병으로 인한 대재앙 / 시에나의 캐더린의 등장 / 교황권의 대분열 / 피사 공의회 / 존 위클리프의 등장 / 롤라드파의 등장 / 존 후스의 등장 / 콘스탄스 공의회 / 근대적 경건 운동의 시작 / 게라트 후르테의 등장 / 토머스 아켐피스 / 마이스터 에크하르트 / 요한 타울러 / 존 베셀 / 바젤 공의회 / 동로마제국의 멸망과 르네상스의 시작 / 인문주의의 발전 / 로렌초 발라 / 메디치가의 활약 / 인쇄술의 보급 / 최악의 교황들 / 사보나롤라 / 에라스무스의 등장

2 종교 개혁의 시대 95

종교개혁 직전의 성직자들의 타락상 / 마르틴 루터의 등장과 독일의 종교개혁 / 츠빙글리의 등장과 스위스의 종교개혁 / 재세례파의 등장 / 뮌스터 반란 사건 / 존 칼빈의 등장과 제네바의 종교개혁 / 프랑스의 종교개혁과 위그노들 / 바돌로매의 날 학살 사건 / 네덜란드의 종교개혁 / 영국의 종교개혁 / 토머스 크랜머 / 스코틀랜드의 종교개혁 / 패트릭 해밀턴 / 조지 위샤트 / 존 낙스 / 보헤미아의 종교개혁 / 덴마크의 종교개혁 / 아일랜드의 종교개혁 / 로마 가톨릭 내부의 종교개혁 / 콘타리니의 개혁 운동 / 트렌트 공의회 / 이그나티우스 로욜라와 예수회 / 아빌라의 테레사

3 신대륙의 발견과 청교도 시대 209

최후의 종교 전쟁 : 30년 전쟁 / 갈릴레오 갈릴레이 / 아르미니우스의 등장 / 영국의 청교도 혁명 / 킹 제임스 성경 / 메이플라워 호 / 웨스트민스터 신앙 고백서 작성 / 존 번연의 「천로역정」 / 신대륙 발견과 정복의 시대 / 바돌로매 드 라스 카사스 / 프란시스 사비에르

4 계몽주의 발흥과 부흥의 시대 ·········· 241

새로운 신대륙의 건설 / 계몽주의의 출현 / 경건주의 운동의 등장 / 진젠도르프 백작 / 존 웨슬리의 등장 / 조지 휘트필드의 등장 / 조나단 에드워즈의 등장 / 미국의 제1차 대각성 운동 / 미국의 독립 전쟁

5 선교의 시대 ·········· 273

프랑스 대혁명 / 비스마르크의 독일 통일 / 영국의 산업혁명 / 윌리엄 부스의 구세군 / 로버트 레익스의 주일학교 운동 / 현대 선교의 아버지 윌리엄 캐리 / 미얀마 선교사 아도니람 저드슨 / 아프리카 선교사 리빙스턴 / 윌리엄 윌버포스의 등장 / 허드슨 테일러의 등장 / 영국 성서공회의 성경 보급 / 미국 성서공회 / 미국의 제2차 대각성 운동 / 찰스 피니의 등장 / 미국의 남북 전쟁 / 에이브러햄 링컨 / 무디의 등장과 제3차 대각성 운동

6 이념의 시대와 냉전을 넘어 리세를 향하여! ······ 329

아주사 거리의 부흥 운동 / 이데올로기와 전쟁의 서막 / 본 회퍼 / 근본주의

중세 로마 가톨릭의 타락

중세 시대 말의 로마 교황청은 분열되어 로마와 프랑스 아비뇽에 각기 다른 교황청이 생김으로써 매우 혼란한 상황에 빠집니다. 그 혼란함 가운데서도 거대한 성당 건축의 자금을 모으기 위한 면죄부의 판매는 계속되었어요. 흑사병이란 죽음의 먹구름이 드리어지고 영적으로 갈급한 수많은 사람들이 고통 속에 숨져 갔어요. 추기경과 교회 지도자들이 모인 공의회를 통해 로마와 아비뇽의 분열로 인한 혼란을 해결하려 했으나 혼란은 더욱 더 커집니다. 다름 아닌 교황이 3명이나 공존하는 사상 초유의 사태를 맞게 된 거예요.

이미 종교개혁이란 철퇴는 다가오고 있었지만 교황청은 르네상스 문화 운동으로 점점 더 화려한 이미지를 구축하고자 했어요. 교황권이 보르지아 가문이 배출한 알렉산더 6세를 정점으로 극악의 상태로 치닫고 있을 때에 조용한 인문주의자 에라스무스의 저술들은 종교개혁을 계속 앞당기고 있었지요.

※ 중세 교회의 몰락과 교황권의 약화

400년경부터 1500년까지 교회는 사회의 가장 유력한 조직이었지만 1300-1500년까지 교회에도 큰 변화가 찾아오지요. 그 변화들은 교회 안에 분열과 불안을 가져다 주었는데 이 시기를 흔히 '중세 교회의 몰락기'라고 부르지요.

중세 기독교는 기독교 제국과 가톨릭 교회라는 두 조직이 균형을 잘 이루었지.

그런데 600-700년대에 걸쳐 유럽을 통일하는 데 기여한 기독교 제국의 권력은 12, 13세기에 들어서는 말야 교황 권력이 강해지면 반대로 약해졌지.

특히 이노센트 3세 교황의 경우는 제국의 권력보다 훨씬 더 막강했지.

하지만 1300-1400년대에 들어선 제국 권력이 약해졌고 교황의 권세도 매우 약화되었죠.

또한 새로운 경제적, 정치적 환경이 중세 사회의 윤곽을 바꾸었지요.

토지를 가지고 있으면 부하다는 봉건주의적 사고에서 벗어나 이젠 현금이 더욱 중요한 시대가 되었고

난 땅 부자다.

현금이 최고지.

농업을 통한 이익은 줄어들었고 무서운 전염병으로 인구도 감소했지요.

시골에는 사람이 점점 줄어들고 있어.

중세 말기 상업의 성장은 더 많은 노동자들을 도시와 항구로 모았으며

새로운 경제 원리들이 인간 관계를 만들기 시작했어요.

돈이 곧 힘이지!

암 그라제.

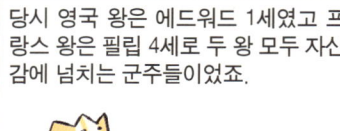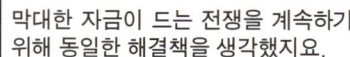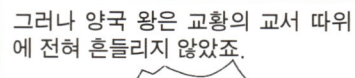

1. 중세 로마 가톨릭의 타락

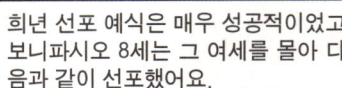

※ 교황의 아비뇽 유수

※ 흑사병으로 인한 대재앙

1. 중세 로마 가톨릭의 타락

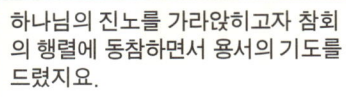

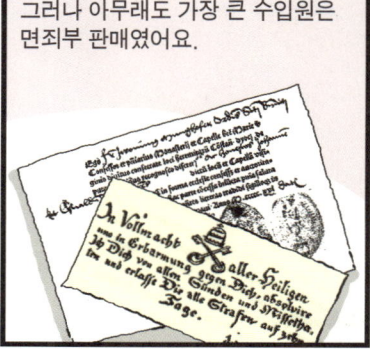

※ **시에나의 캐더린의 등장**

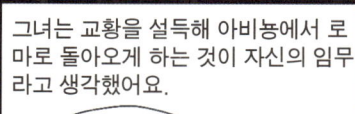

※ 교황권의 대분열

프랑스 추기경들은 아비뇽으로 돌아가 우르반 6세는 시민들의 위협으로 선출됐으므로 무효라고 했죠.

다시 아비뇽에서 프랑스 출신 로베르트를 대립 교황으로 선출했는데 그가 클레멘스 7세죠.

우르반 6세도 한 달 후 자기가 직접 추기경단을 임명함으로써 대응했어요.

교회의 대분열로 두 명의 교황이 대립하는 기이한 시대는 40년간이나 지속되지요.

오래전 동, 서로 분리된 교회가 이번엔 서방 교회에서 로마와 아비뇽으로 분리된 것이죠.

양측 교황 밑에는 무장한 군사들도 있었죠.

그들의 군대는 서로 로마 지배를 위해 전투를 벌였어요.

클레멘스 7세는 뜻을 이루지 못하고 나폴리로 피신했어요.

그러나 우르반 6세를 지지하는 사람들이 그를 쫓아냄으로 1379년 6월 아비뇽으로 돌아왔지요.

※ 피사 공의회

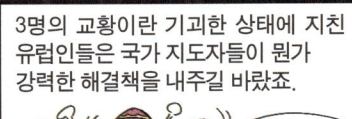

이 공의회는 전통적 모습에서 벗어나 역사상 처음으로 국가별 투표가 실시되었죠.

교회 고위 성직자들뿐만 아니라 각국의 다양한 세속 관리들이 평신도들의 대표로 참석했어요.

참여한 국가는 독일, 이탈리아, 영국, 프랑스 등이었고 후에 스페인도 참여했는데, 각 국가들은 한 표씩을 가지고 있었죠.

교회가 점차 새로운 권력을 인정한다는 의미에서 이 국가적 회의 구조는 매우 중요했죠.

결국 1415년 한 교황을 사임시키고 다른 두 교황은 폐위되었어요.

퇴장.

그중에 아비뇽의 베네딕트 13세는 끝까지 자기 지위에 매달리며 살다가 숨을 거두었지요.

어떻게 얻은 자리인데...

콘스탄스 공의회를 통해 교황 대분열은 종식했지만 교회 내의 불화를 다 해결한 것은 아니었어요.

휴- 불은 다 껐는데..

오직 전체 서방 기독교인을 대표하는 한 명의 교황을 선출하는 것만이 확실한 방법이었죠.

Only One!

이것은 1417년 새 교황 마틴 5세가 선출됨으로 이루어졌어요.

공의회 덕분에 교황이 된 그는 취임하자마자 자신의 선출 과정을 제외한 의결 사항은 무효라고 선포하죠.

그건 좀 말이 안 되는 거죠.

새 교황은 공의회의 결의들을 무효화해야 될 필요가 있었어요.

자칫하면 교황을 선출한 공의회가 교황보다 더 우월하다고 보여질 수 있거든.

콘스탄스 공의회는 교회의 전체 공의회가 교황보다 높은 권위를 갖는다는 교령 사크로 상타를 공포했죠.

앞으로 교회의 올바른 정치를 위해

이런 공의회는 자주 열려야 해요.

※ **존 위클리프의 등장**

1. 중세 로마 가톨릭의 타락   33

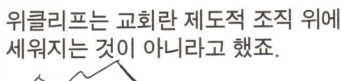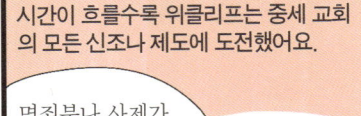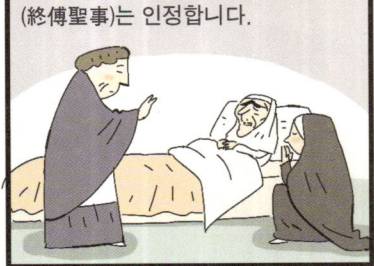

1. 중세 로마 가톨릭의 타락

※ 롤라드파의 등장

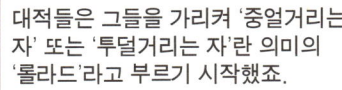

위클리프는 1382년 병으로 중부 지방의 루터우드에 가서 살다가 1384년 12월 31일 세상을 떠났어요.

그의 가르침은 유럽 대륙으로 확산되었고 그중 보헤미아에서 매우 큰 영향을 미쳤어요.

1383년 보헤미아의 앤과 영국 리처드 2세의 결혼으로 양국은 밀접한 관계를 맺게 되죠.

두 나라의 학생들도 프라하와 옥스퍼드를 자유롭게 왕래했죠.

교황권 세력 안에서 고위 성직자나 관료직을 독일인들이 차지했으므로 보헤미아인들은 독일과 긴장 관계에 있었죠.

그리고 그들에게 착취를 당하자 보헤미아인들의 가슴 속엔 반독일, 반교회 감정이 생겼죠.

성직자들은 타락했고 교황청은 서임권을 둘러싸고 각종 뇌물을 챙겼으므로 더욱 부패해져 갔죠.

일반 신자는 구원 문제 때문에 면죄부를 사야 했고 교회는 각종 헌금과 세금으로 점점 부유해졌어요.

이런 시기에 존 후스가 이끌던 강한 민족주의적 집단이 위클리프의 운동을 이어받아 교회 개혁을 부르짖죠.

※ 존 후스의 등장

체코는 서쪽 체코와 동쪽 슬로바키아로 이루어졌고 다시 동부 모라비아와 서부 보헤미아로 나누어졌죠.

존 후스는 1369년 보헤미아 남부의 작은 촌락인 후시네촌의 한 농노의 아들로 태어났죠.

그는 프라하 대학에서 학사와 석사를 수료하고 교회 개혁 운동에 뛰어들었어요.

1. 중세 로마 가톨릭의 타락

※ 콘스탄스 공의회

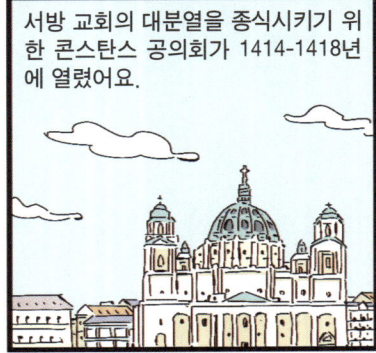
서방 교회의 대분열을 종식시키기 위한 콘스탄스 공의회가 1414-1418년에 열렸어요.

대분열의 상황을 끝내고 공의회가 교황보다 더 높은 권위를 갖는다는 내용의 '사크로 상타'를 공포했지요.
교황은 공의회의 결정에 복종한다.

또한 위클리프와 후스를 이단으로 정죄하는 것과 교회 개혁의 내용이 들어 있지요.

후스는 자신을 변호하고 싶었고 지기스문트는 후스의 신변 보장을 약속했지요.
소신껏 말하게.
예, 폐하.

하지만 1414년 11월 도착과 함께 체포되어 도미니크회 수도원에 감금됐죠.
여기가 어디라고 와.

이 일로 1415년 5월 초, 보헤미아와 모라비아 귀족은 프라하와 부르노에 모여 후스와 왕, 교황을 중재하려고 했어요.
그의 의견을 듣고 싶다!
후스를 석방하라!

6월 종교 재판 때 판사들은 거짓 증인들을 세워 30여 가지 내용으로 후스를 이단으로 정죄했어요.
이단 맞네.

후스는 자기 주장을 포기하거나 아니면 화형을 당해야 했지요.

설령 고백한다고 해도 종신형에 처해질 상황이었어요.
둘 중에서 선택해라.

후스는 성경에 비춰 자기 주장이 틀렸다면 순종할 용의가 있었죠.

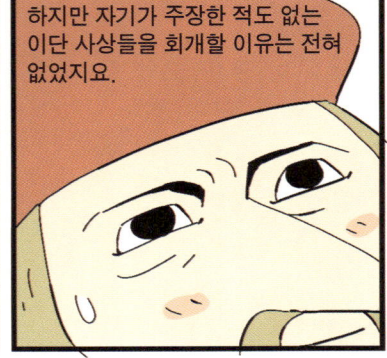
하지만 자기가 주장한 적도 없는 이단 사상들을 회개할 이유는 전혀 없었지요.

후스에게 진정 중요한 것은 다름 아닌 진리를 지키는 것이었어요.
황금을 준다 해도 진리를 지킬 것이오.

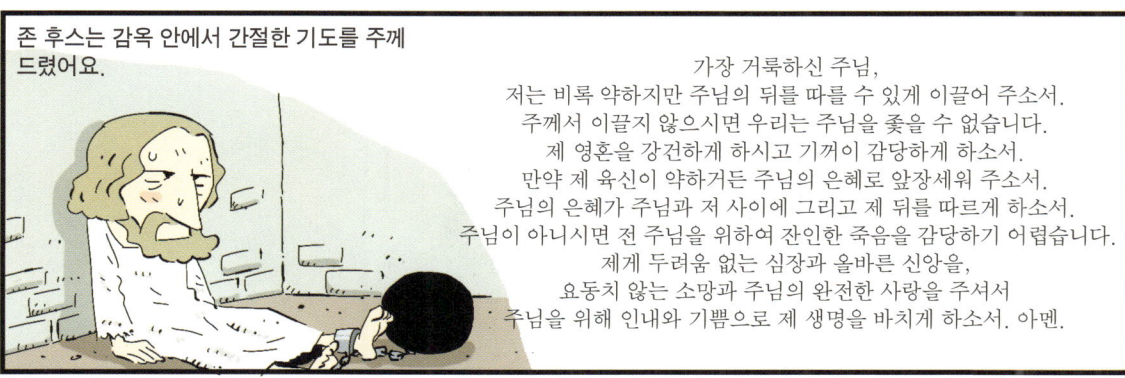

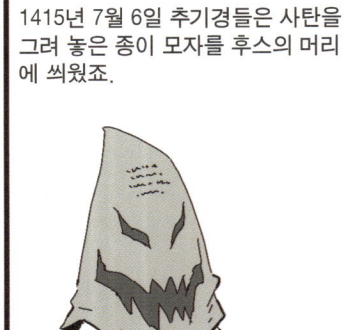

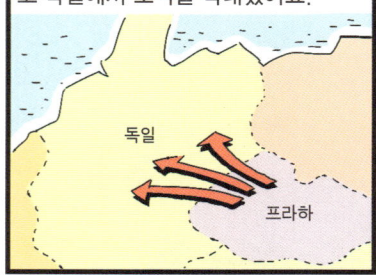

※ 근대적 경건 운동의 시작

※ 게라트 후르테

※ 토머스 아켐피스

※ 마이스터 에크하르트

1. 중세 로마 가톨릭의 타락 51

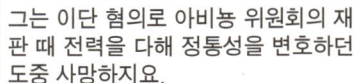

※ 요한 타울러

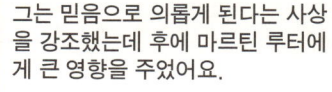

※ 존 베셀

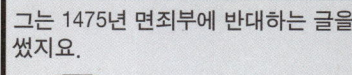

1. 중세 로마 가톨릭의 타락

※ 바젤 공의회

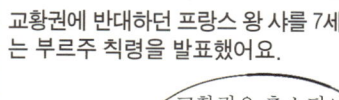

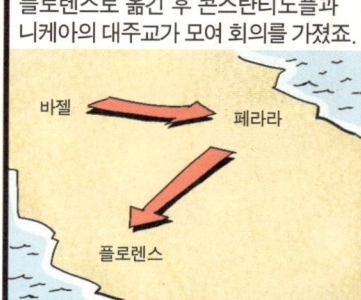

※ 동로마제국의 멸망과 르네상스의 시작

5월 29일 새벽에 시작된 오스만투르크의 공격은 콘스탄티노플을 완전히 약탈하고 파괴했어요.

이슬람교의 지도자는 소피아 대성당으로 들어가 다음과 같이 외쳤어요.
"하나님은 없다! 오직 알라만이 존재한다."
"마호메트는 그의 예언자이다!"

하나님께 예배하던 예배당은 순식간에 이슬람 사원이 되었고 동로마 제국은 완전히 멸망했죠.

이 건물은 1930년대까지 이슬람 사원으로 사용되었고 현재는 터키 이스탄불의 박물관으로 남아 있지요.

이때 동방의 학자들이 이슬람군의 칼날을 피해 서방으로 도망쳤어요.
"알라 밑에서 죽기 싫어."

그들은 귀중하게 여기던 고대 그리스의 사본을 서방으로 가져왔어요.

당시 로마 기독교인들은 고대 저작에 무관심했지만 동방 교회 기독교인들은 매우 소중히 했죠.
"성경만 보면 돼."
"그게 다는 아니라구."

그들이 가져온 문서들은 고대 그리스의 수사학과 음악, 미술과 저작에 대한 관심을 다시 불러일으켰어요.
"곧 르네상스 운동이라고 하지."

교황 니콜라스 5세는 르네상스 운동을 장려해 바티칸 도서관에 많은 사본들을 추가시켰죠.

르네상스란 19세기 역사가들이 15, 16세기 서방 세계에서 일어난 광범위한 문화적 변화를 묘사하기 위해 사용했죠.
"이는 재생(re-birth)을 뜻하지요."

예술과 정치, 정신에서 고대 그리스와 로마 문명의 가치관을 회복하는 것을 묘사하는 말이에요.

※ 인문주의의 발전

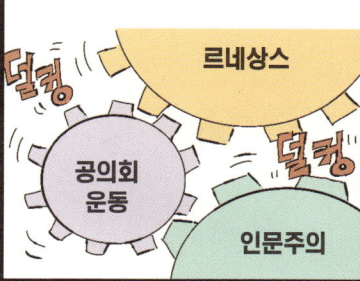

※ 로렌초 발라

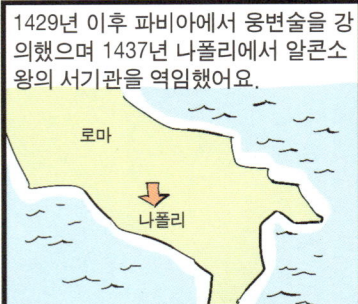

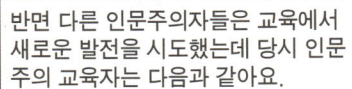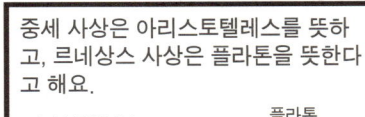

※ 메디치가의 활약

※ 인쇄술의 보급

※ 최악의 교황들

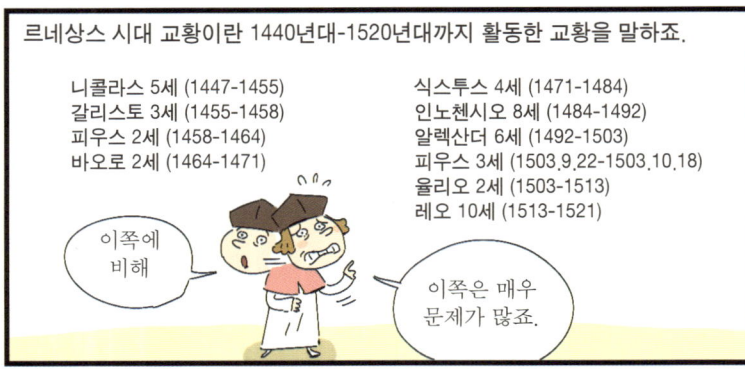

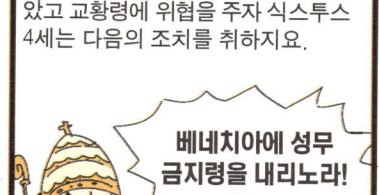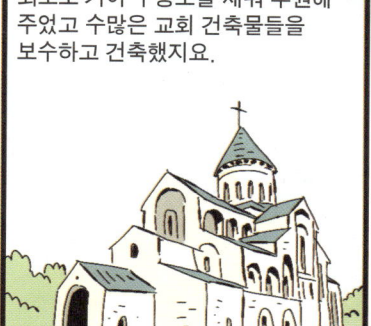

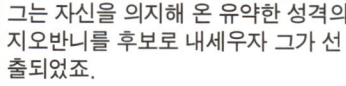

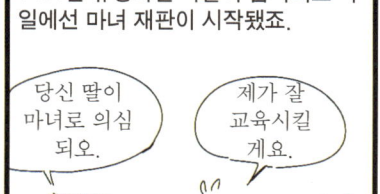

1. 중세 로마 가톨릭의 타락

1. 중세 로마 가톨릭의 타락   79

※ 사보나롤라의 등장

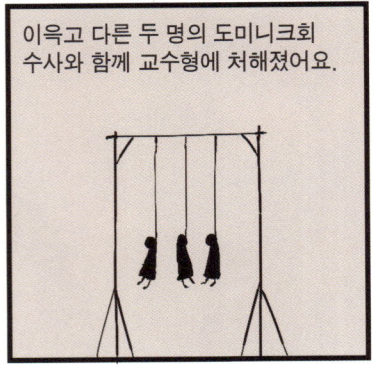

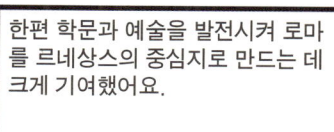

※ 에라스무스의 등장

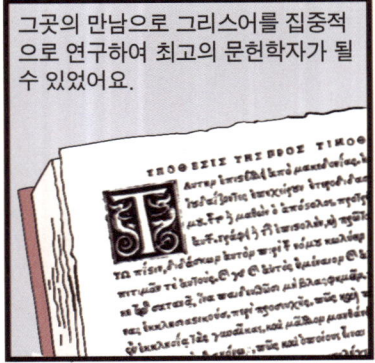

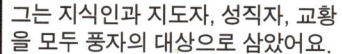

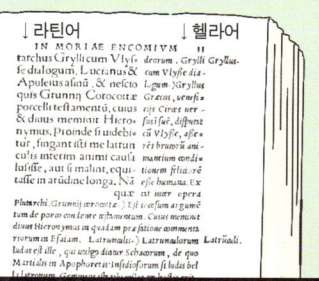

종교개혁의 시대

독일의 한 이름 없는 신부는 자신이 작성한 95개 토론문을 비텐베르크 성당 문에 못 박아 버립니다. 이미 앞서간 개혁자들의 사상을 습득하고 신앙적 고뇌와 고통 가운에 있던 이 독일인 신부는 성경에서 답을 발견했어요. 이런 마르틴 루터의 종교개혁 시작은 교황이 보낸 교서를 불태움과 동시에 뜨겁게 타올랐지요. 농민 전쟁으로 수많은 희생을 치르고 나서 가톨릭과 루터파의 다툼은 아우구스부르크 종교 회의를 통해 종식되는 듯했지만 종교개혁의 불씨는 이미 유럽에 타올랐어요.

스위스의 츠빙글리의 개혁 활동과 재세례파의 등장과 제네바의 칼빈의 사역을 통해 종교개혁은 정점을 달리기 시작했습니다. 프랑스의 가톨릭 세력은 끔찍한 위그노 대학살을 감행하였고 바다 건너 영국에선 관용과 중용을 내세운 영국만의 국교회가 탄생하게 되지요. 스코틀랜드에선 '하나님의 큰 나팔 소리' 인 존 낙스가 종교개혁을 이끌었으며 이 불씨는 주변국들에게도 번져 갔지요. 프로테스탄트 세력 확장을 두려워한 가톨릭 교회는 트렌트 공의회를 열면서 예수회를 앞세운 그들만의 개혁을 시작하지요.

※ **종교개혁 직전의 성직자들의 타락상**

종교개혁이 일어나기 전의 대부분의 자료에 따르면, 성직자들은 게을렀고 무지했으며 토지가 많아 소작인들에게 땅을 경작하게 하고 소작료를 받아 챙겼으며 성적 타락에 빠져 있었는데 평민들은 이것을 당연하게 여겼다고 해요.

1505년 어느 날 장래 법률가를 꿈꾸던 청년은 무시무시한 천둥 번개를 만나 공포에 떨었죠.

※ 마르틴 루터의 등장과 독일의 종교개혁

그는 1483년 독일 작센 지방 아이슬레벤에서 광부의 아들로 태어난 마르틴 루터였어요.

그는 부모의 만류에도 불구하고 폭풍우 속에서 했던 서약을 지켰어요.

그는 수도원의 엄격한 규율과 금식과 고행들로 건강이 많이 악화되기도 했어요.

매서운 영하의 추위에도 담요 없이 잠을 청했고 모든 규칙을 철저하게 지켰어요.

루터뿐만 아니라 당시 사람들은 구원을 다음과 같이 생각했어요.

그래서 구걸이나 순례나 고행과 성자나 성물 숭배가 지나치게 강조됐죠.

교회나 수도원들은 심지어 성인의 머리털이나 뼈까지 구해 진열했어요.

또한 교회는 신자들에게 죄를 고백하는 고해성사를 철저히 의무화했죠.

시대가 불안했기에 유럽인들은 영적 신앙에 대한 관심이 매우 높았죠.

2. 종교개혁의 시대　99

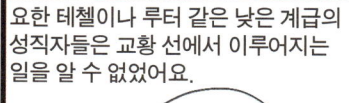

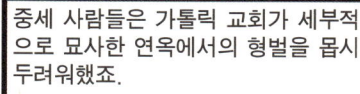

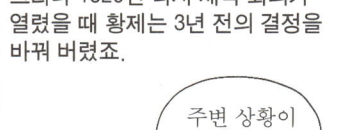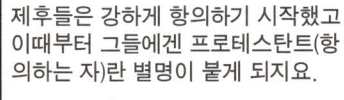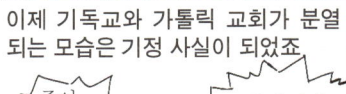

※ 츠빙글리의 등장과 스위스 종교개혁

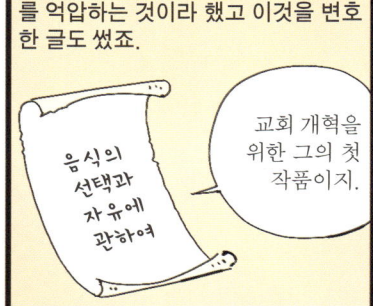

2. 종교개혁의 시대 113

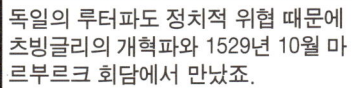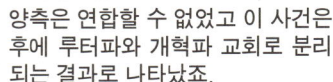

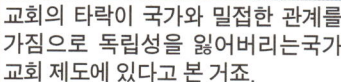

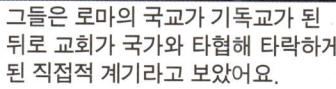

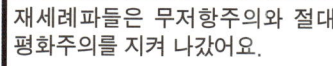

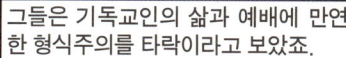

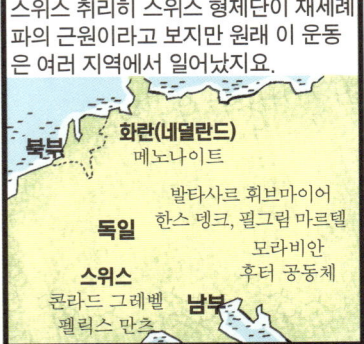

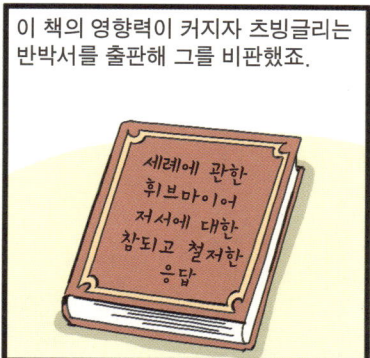

※ 뮌스터 반란 사건

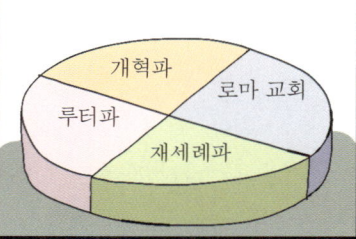

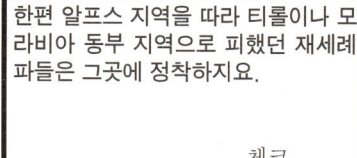

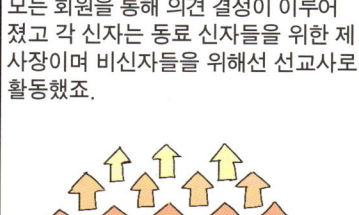

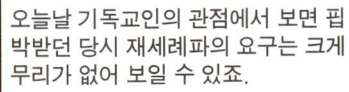

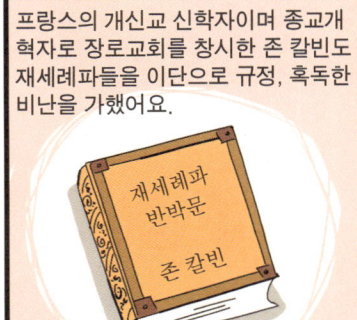
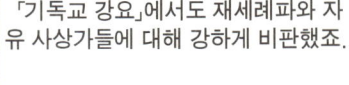

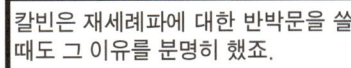

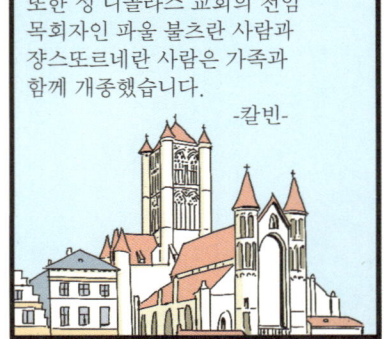

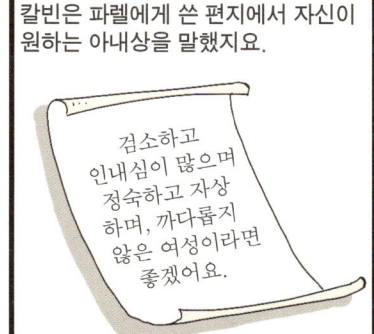

※ 존 칼빈의 등장과 제네바의 종교개혁

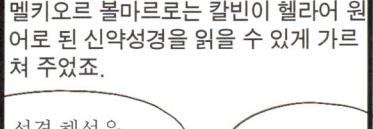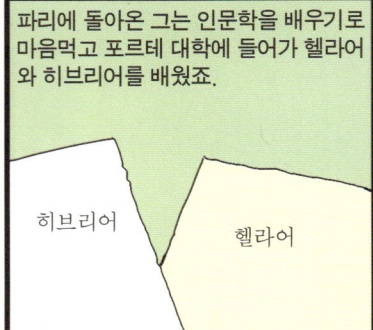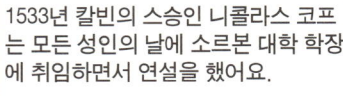

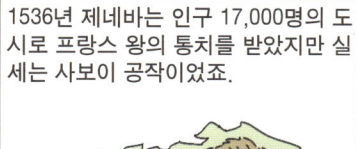

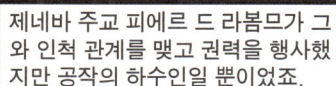

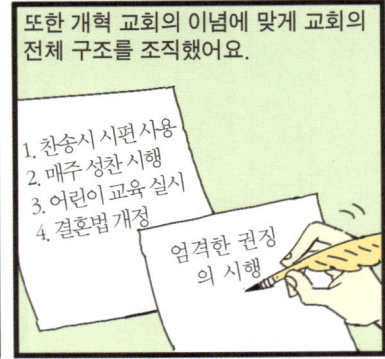

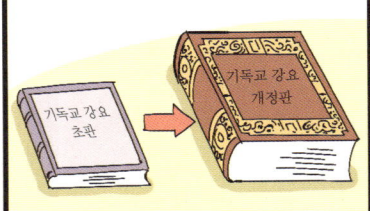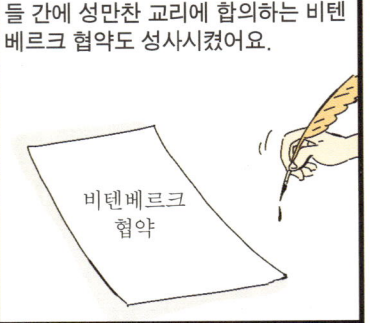

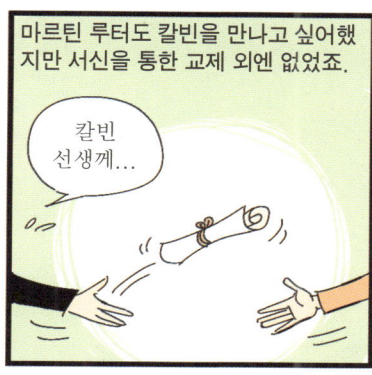

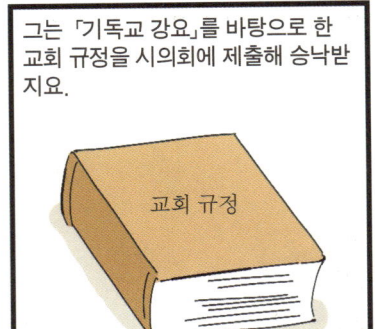

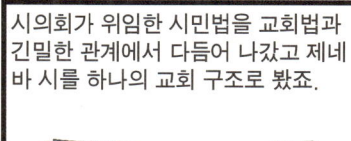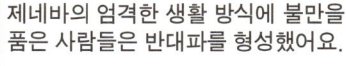

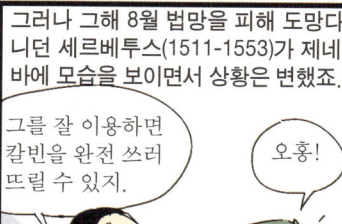

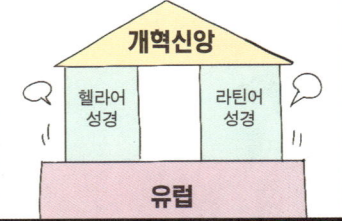

※ 프랑스의 종교개혁과 위그노들

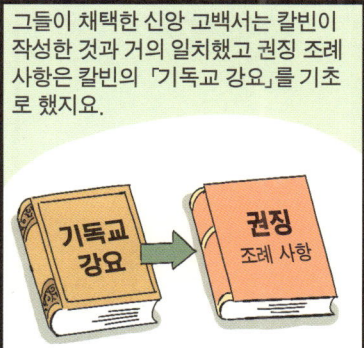

※ **바돌로매의 날 학살 사건**

2. 종교개혁의 시대 147

※ 네덜란드의 종교개혁

네덜란드의 종교개혁은 교황청의 우상 숭배와 스페인의 학정에 저항하는 독립 운동과 함께 일어났죠.

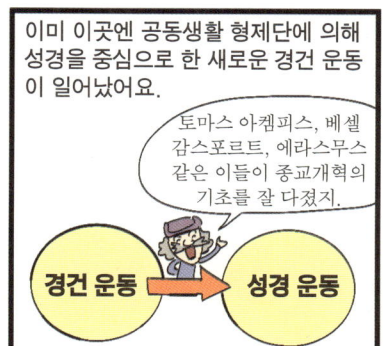
이미 이곳엔 공동생활 형제단에 의해 성경을 중심으로 한 새로운 경건 운동이 일어났어요.
토마스 아켐피스, 베셀 감스포르트, 에라스무스 같은 이들이 종교개혁의 기초를 잘 다졌지.

그 후 루터와 친했던 어거스틴파 부수도원장 헨리에 의해 네덜란드에도 종교개혁 운동이 퍼져 나갔죠.

학식 높은 자들은 특히 루터를 지지했지.
보우와 에쉬란 두 개혁자를 가톨릭이 화형시켰지(1523).

그후 인문주의자 코넬리우스 로엔이 로마 가톨릭의 화체설을 비판함으로 성찬에 대한 논쟁이 격화되었죠(1525-1530).
성찬은 영적 상징으로 봐야 합니다.

이후 재세례파 운동이 크게 일어났지만(1525-1530) 가톨릭 교회의 박해로 사라지고 말았어요.
우린 기성 교회를 부인하고 초대교회로 돌아가자고 했죠.
앞쪽에서 질리게 들었는데 또 무슨 설명질이야!
이단들은 다 죽이는 거다.

이후 칼빈주의 개혁 운동이 일어나자 칼빈은 제네바에서 도왔고 가톨릭 교도들이 많이 개종하게 되었죠.
이것들이 간이 부었구나.

그걸 내가 가만히 두고 볼 줄 알았니 이것들아!

스페인의 카를 5세는 1550년 네덜란드에서 개혁자들이 만든 책들을 인쇄하거나 보급하는 것을 막았어요.

루터와 외코람파디우스, 츠빙글리, 부쩌, 칼빈이 쓴 책과 가톨릭이 금하는 책을 보급하는 자는 화형에 처할 것이다.

※ 영국의 종교개혁

영국의 개혁 운동은 국왕에 의해 시작됐고 국가의 보호로 이루어졌죠.

튜더 왕조를 세운 헨리 7세는 1485년 10월 왕위에 즉위하고 자녀들은 모두 정략 결혼을 시켰죠.

아더가 결혼한 지 4개월 만에 죽자 동생 헨리는 스페인과의 외교 관계 때문에 형수 캐더린과 결혼해야만 했지요.

영국의 요청을 받은 교황 율리우스 2세는 특별 조치로 1509년 헨리와 형수 캐더린의 결혼식을 허락했어요.

당시 사람들은 이 결혼에 대해 의심했고 교황이 그럴 권한이 있는지에 대해서도 말이 많았지요.

캐더린의 6명의 자녀중 딸 메리만 남고 모두 죽자 헨리 8세는 왕위 계승 문제로 매우 심각했죠.

그는 앤 불린이란 여성과 사랑에 빠지자 캐더린과는 이혼이 아닌 결혼 자체를 무효화하고 싶어했죠.

그는 성경 말씀을 근거로 교황에게 캐더린과의 결혼을 무효화해 줄 것을 요청했어요.

이에 교황 클레멘스 7세는 이럴 수도 저럴 수도 없는 상황에 빠져 버렸죠.

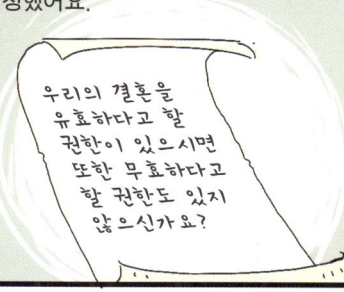

헨리 8세의 요청이 토론하는 데만 7년을 끌자 케임브리지 대학 교수 토머스 크랜머가 좋은 의견을 내놓았죠.

헨리는 1530년부터 로마 가톨릭과 분리를 각오하고 1533년 앤 불린과 비밀 결혼식을 올리지요.

헨리 8세가 토머스 크랜머를 1533년 캔터베리 대주교로 임명하자 그가 원하던 결과를 선포하였죠.

※ 윌리엄 틴데일

2. 종교개혁의 시대 153

※ 토머스 크랜머

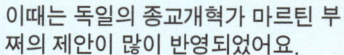

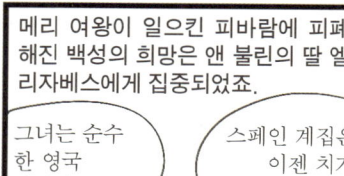

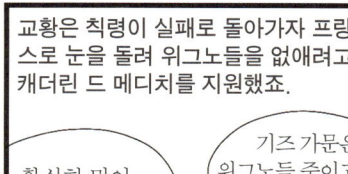

※ 스코틀랜드의 종교개혁

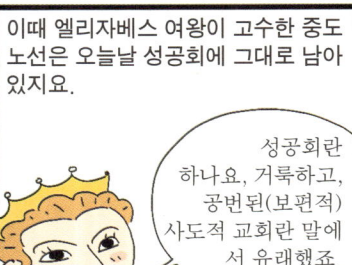

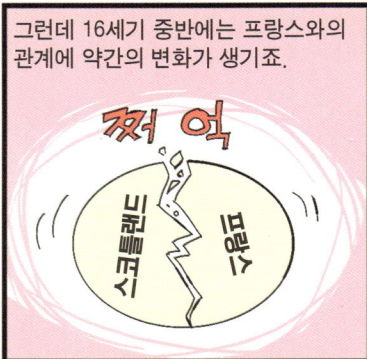

※ 패트릭 해밀턴

2. 종교개혁의 시대 163

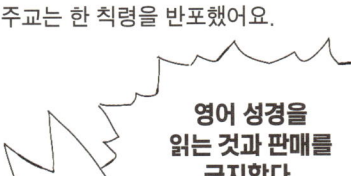

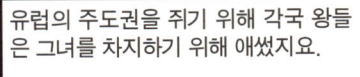

※ 조지 위샤트

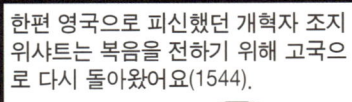

※ 존 낙스의 등장

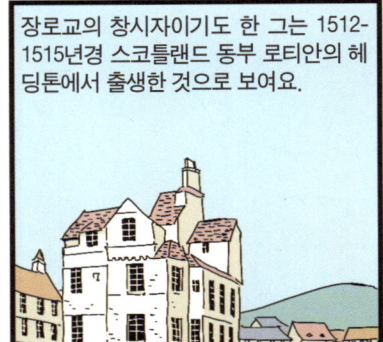

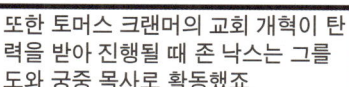

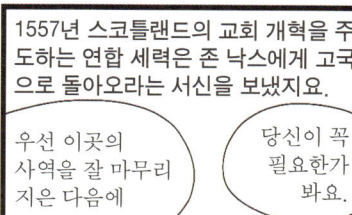

영주들 중에 아질의 제5대 백작인 아치발트 켐벨과 모레이의 백작인 제임스 스튜어트가 주축이 되어 섭정 마리 드 기즈의 군대와 치열한 전투를 벌였어요. 그 결과 1559년 7월에 던디와 퍼스, 세인트 앤드루스, 에든버러 지역을 점령하였어요.

존 낙스가 1559년 5월 2일 가족과 함께 내전 중인 스코틀랜드로 돌아왔을 때 시민과 귀족들은 크게 환영했죠.

낙스가 돌아왔다!

불리해진 섭정 마리 드 기즈의 원군 요청에 프랑스군은 기다렸다는 듯이 에든버러 앞바다 해변까지 왔죠.

친영파 귀족들과 영주들, 존 낙스와 개혁파 개신교도들은 스코틀랜드 내전의 양상이 심각함을 느꼈죠.

프랑스는 영국과 우리를 하나로 통합하려나 봐요.

무서운 놈들.

권력을 쥔 유부녀가 자기 딸 메리를 프랑스 왕자에게 준 것에서 이미 그런 행동을 시작한 거야.

프랑스 놈들 이해한다 하고 득달같이 온 거군요.

마리 드 기즈는 프랑스가 스코틀랜드 문제에 더 큰 힘을 지원하리라는 확신을 가졌죠.

스페인과의 다툼이 끝난 프랑스는 이곳에 힘을 쏟을 테니까.

개신교도들을 선동 반항을 주도한 프로테스탄트 개혁자들은 스털링에 출두하라!

와우!

섭정의 출두 명령서가 그들에게 통할 리 없었어요.

우린 이미 프로테스탄트 신앙으로 종교개혁을 하기로 존 낙스와 결의했거든!

하지만 전투력은 큰 차이가 났어요.

정부군 **4,000명**
프랑스 병력 **900명**

시민군 **5,000여 명**

기즈 메리   프로테스탄트

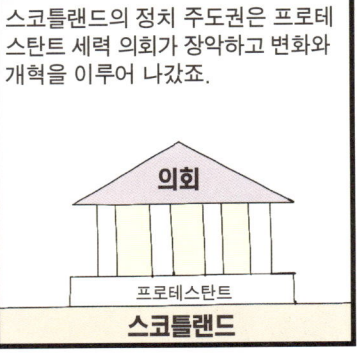

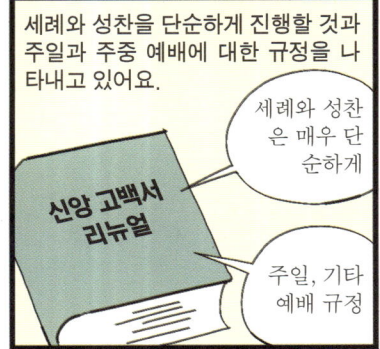
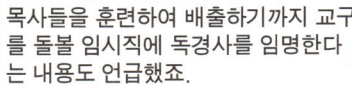

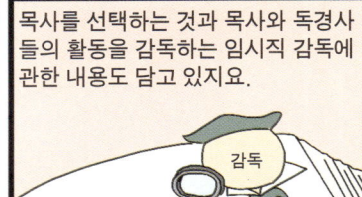

※ 보헤미아의 종교개혁

존 후스와 프라하에 의해 일찍부터 종교개혁이 시작되었던 보헤미아(체코)를 후스파들이 이어갔어요.

마르틴 루터는 1519년 라이프치히 논쟁에서 후스파들의 편에 섰죠.

존 후스의 책이나 후스파가 쓴 글들이 독일에서 출판되었고 루터의 글들은 체코어로 번역되었지요.

그들은 예수 안에서 사랑과 진리를 알았고 신앙은 자신의 경험보다 성경이 더 중요하다고 여겼죠.

형제단은 어떤 면에선 루터파보다 더 성경 중심적 생활을 했어요.

1530년 멜랑흐톤이 작성한 「아우구스부르크 신앙 고백」이 출판되자 형제단도 영향을 받아 1535년 신앙 고백서를 발표하지요.

스위스의 종교개혁과도 관계를 갖고 영향을 받았지만 보헤미아 형제연합 교회단의 정체성을 잃지 않았죠.

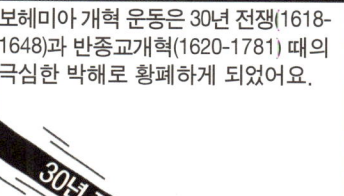

보헤미아 개혁 운동은 30년 전쟁(1618-1648)과 반종교개혁(1620-1781) 때의 극심한 박해로 황폐하게 되었어요.

헝가리는 비텐베르크 대학에서 공부한 루터와 멜랑흐톤의 제자들이 1524년 종교개혁의 메시지를 들고 왔어요.

헝가리도 보헤미아처럼 후에는 칼빈의 신학이 자리를 잡게 되었어요.

최초의 루터파 대회는 1545년에 열렸으며 1557년엔 최초의 칼빈파 대회가 열렸지요.

당시 신성로마제국 황제이자 보헤미아와 헝가리 왕국의 왕인 루돌프 2세는 종교의 자유를 억압했죠.

이러므로 전국이 루터교를 신봉하게 되었고 몇몇 구교 성직자는 이를 거절하고 떠났어요.

올라우스 패트리는 스톡홀름의 성 니콜라스 대성당의 목회자와 교사, 시의원, 왕의 비서로 활동하였죠.
종교개혁을 위해 내 인생을 바치리라.

1526년 스웨덴어로 된 신약성경, 찬송가, 1529년엔 교회 입문서, 1531년 스웨덴 교회 전례서와 신앙 저서를 저술했어요.

1541년에 종교개혁을 이끈 세 사람은 성경 전체를 스웨덴어로 번역해 출판하게 되지요.
주님의 크신 은혜로다!

1544년 왕과 의회는 공식적으로 스웨덴의 종교를 선포하죠.
우린 루터교를 믿는다.

라우렌티우스 패트리는 최초의 감독을 지내면서 루터교를 간섭하려던 칼빈주의자들을 견제했어요.
신경 쓰이네.

그 후로도 밀려난 가톨릭 교도들이 수차례 세력을 잡기 위해 기회를 노렸지만 실패했어요.

1560년 9월 29일 구스타브 2세 아돌프 때의 스웨덴 교회는 그 어떤 세력의 위협도 없었죠.
닭 쫓던 개 신세구나.

이후 종교 전쟁인 30년 전쟁에 개입하면서 개신교 사상을 지키기 위해 맹렬히 싸웠죠.
구교 짜증나!
종교 전쟁 30년
신교는 사라져라!

스웨덴 종교개혁은 과거부터 이어져 온 관행들을 다 개혁하진 않았어요.
교회와 국가 간의 연합 속에 전통적 교회 건물은 그대로 썼어.
주교직 형태도 그대로 이어갔지.

1593년 웁살라 회의를 통해 스웨덴 개혁 운동은 완성되었어요.
루터교회의 아우구스부르크 신앙 고백서가 신앙의 기초로 채택되지.

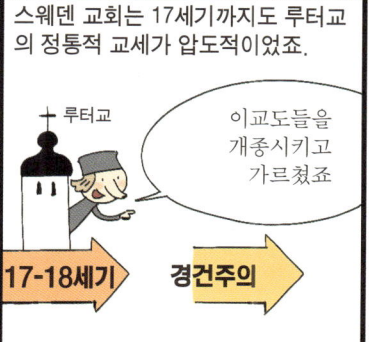
스웨덴 교회는 17세기까지도 루터교의 정통적 교세가 압도적이었죠.
루터교
이교도들을 개종시키고 가르쳤죠
17-18세기 → 경건주의

2. 종교개혁의 시대 183

※ 덴마크의 종교개혁

※ 아일랜드의 종교개혁

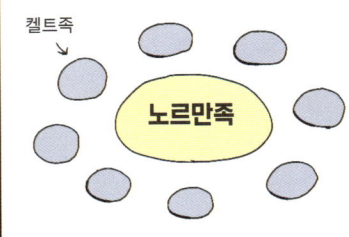

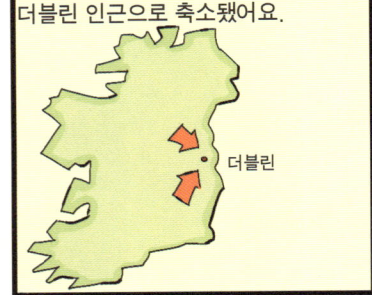

※ 로마 가톨릭 내부의 종교개혁

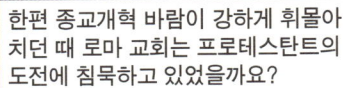

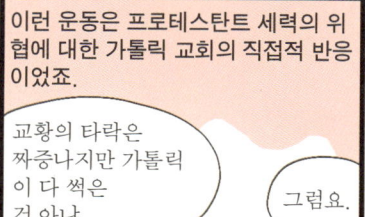

※ 콘타리니의 개혁 운동

※ 트렌트 공의회

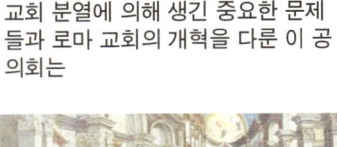

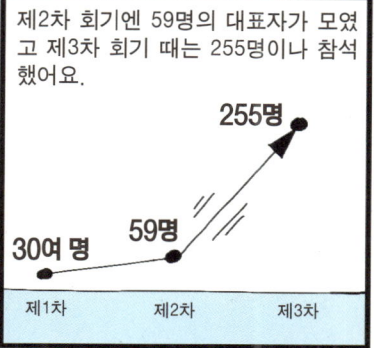

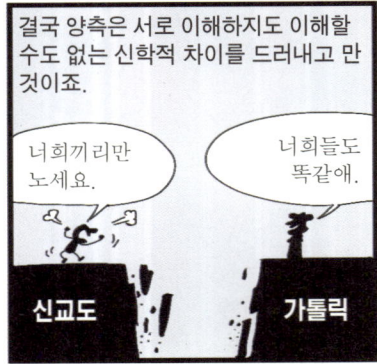

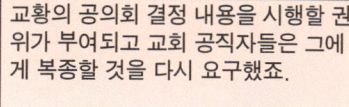
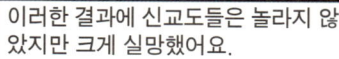

※ 이그나티우스 로욜라와 예수회

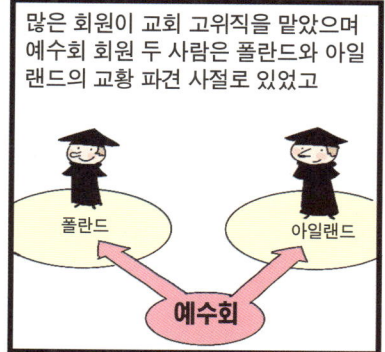
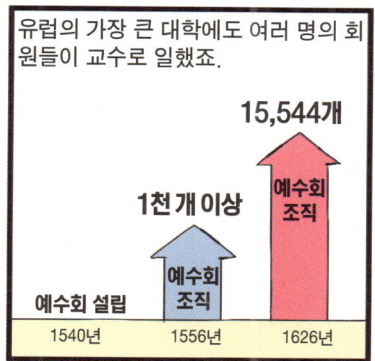

2. 종교개혁의 시대 201

※ 아빌라의 테레사

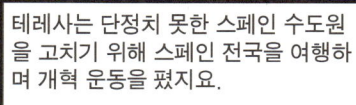

여러 해 동안 독일과 프랑스의 정치 발전은 종교 분리를 잘 반영해 주었지요.

정교 분리
(政敎分離)

가톨릭의 종교개혁은 이탈리아와 스페인에서 가톨릭이 유리한 종교적, 문화적 동질성을 갖도록 도와주었죠.

무엇보다도 가톨릭 개혁이 신교의 전파를 막는 데 큰 기여를 했지요.

이것은 유럽이 그 시기부터 분리된 문화적 기반 없이 발전했다는 것을 의미하죠.

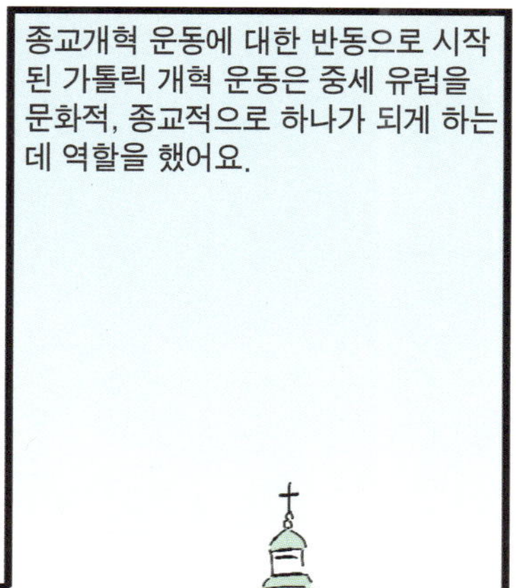

종교개혁 운동에 대한 반동으로 시작된 가톨릭 개혁 운동은 중세 유럽을 문화적, 종교적으로 하나가 되게 하는 데 역할을 했어요.

신대륙의 발견과 청교도 시대

최후의 종교 전쟁인 30년 전쟁을 통해 루터파에 이어 칼빈파도 세력을 얻었지만 신성로마제국은 초토화되고 그 희생은 대단히 큰 것이었어요. 당시 교회의 무지는 한 천문학자의 업적을 묵살하였고 칼빈주의와 아르미니우스주의의 갈등이 있을 때에 영국에선 권위 있는 성경 편찬 작업이 이루어지지요.

청교도들은 영국 국교회의 핍박을 피해 신앙의 자유를 찾아 위험한 뱃길 여행도 마다하지 않고 신대륙을 향해 대서양을 건너갔지요. 영국은 왕당파와 의회파의 다툼 속에서도 웨스트민스터 신앙고백서와 대·소요리문답서를 완성시켰지만 정권을 장악한 군부에 의해 재판받은 왕이 참수를 당하는 사상 초유의 사태도 경험했어요. 비국교도에 대한 핍박으로 감옥에 갇힌 존 번연은 불후의 명작 「천로역정」을 남겼어요.

콜럼버스의 신대륙 발견 이후 유럽의 정복자들은 남아메리카의 식민지를 닥치는 대로 약탈했고 원주민들을 무참하게 학살했으며 아프리카 사람들까지 잡아다가 노예화시켜 버렸지만 그 속에서도 선교사들의 사역은 계속 이어졌으며 예수회에 속한 선교사들은 일본에 이어 중국까지도 나아갔답니다.

✵ 최후의 종교 전쟁 : 30년 전쟁

1618년부터 1648년까지 기독교 세계의 최대 종교 전쟁이자 최후의 종교 전쟁이라 말하는 30년 전쟁이 일어났어요. 시작은 종교 전쟁으로 보여졌지만 점차 영토 확장과 각국의 정치적, 경제적 이해 관계가 맞물리면서 적대 관계 및 동맹 관계가 형성되는 무력 전쟁으로 발전되었어요.

3. 신대륙의 발견과 청교도 시대 211

※ 갈릴레오 갈릴레이

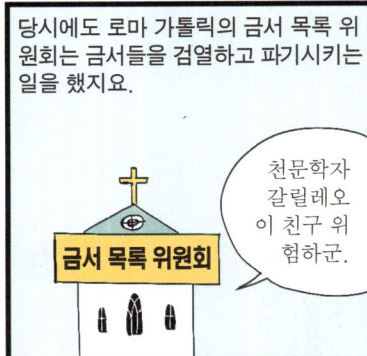

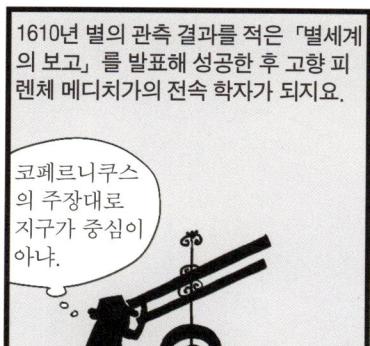

3. 신대륙의 발견과 청교도 시대

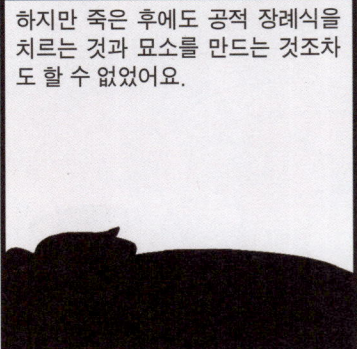

※ 아르미니우스의 등장

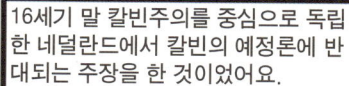

※ 영국의 청교도 혁명

※ 킹 제임스 성경

※ 메이플라워 호

※ 웨스트민스터 신앙 고백서 작성

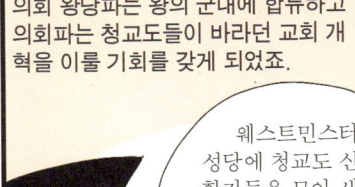

※ 존 번연의 「천로역정」

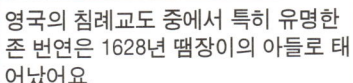

※ 신대륙 발견과 정복의 시대

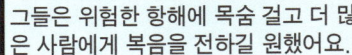

※ 바돌로매 드 라스 카사스

※ 프란시스 사비에르

계몽주의 발흥과
부흥의 시대

대서양을 건너 신대륙에 정착한 청교도들과 유럽의 프로테스탄트 신교도 이민자들은 다양한 교파를 형성하면서 유럽 교회 형태와는 다르게 발전하였지요. 청교도 내부에서도 종교의 자유를 내세우며 새로운 교회를 형성한 이들이 생겨났지만 1세대를 지난 후세대들의 신앙은 많이 약화되었죠.

이성의 시대, 계몽주의 사상은 기존 기독교 가치관을 비판하기 시작했으며 이신론은 하나님을 부인하기까지 이르렀어요. 이에 경건주의자들이 등장해 모라비아 교도들은 선교에 열심이었고, 존 웨슬리는 선상에서 폭풍 가운데 찬양하는 그들의 신앙에 큰 도전을 받지요.

조지 휘트필드에 의해 시작된 옥외 집회는 영국에 부흥의 불꽃을 던졌고 감리교의 창시자 존 웨슬리도 연합하여 대각성 운동이 일어났어요. 그 운동은 신대륙 뉴잉글랜드의 준비된 목회자 조나단 에드워즈의 불같은 메시지를 통해서도 뜨겁게 타올랐습니다. 그러나 식민지 영국으로부터의 독립 투쟁으로 부흥은 다시 시들해졌고 아메리카의 독립 전쟁은 계몽주의에 물든 유럽 사람들에게 큰 영향을 미치게 되지요.

※ 새로운 신대륙의 건설

17세기 초 영국과 유럽의 신교도들은 대서양 해안에 이주하기 시작하면서 미 대륙을 식민지화했어요. 13개의 영국 식민지 중 한 곳을 제외하고 모두 신교로 시작하였고 이주자들은 성공을 거두었으며 후에 영적 대각성 운동이 일어났어요. 이주자들 대부분은 칼빈주의자들로서 스코틀랜드인과 네덜란드인은 칼빈주의를 본래 형태대로 북미의 식민지에 전했고 장로교회와 개혁 교회를 세웠어요.

초기 이주자들은 영국 청교도와 분리주의자들의 수정된 칼빈주의도 가지고 왔지.

후에 던컨파, 루터파, 모라비아파, 메노파도 도착하지만 소수였죠.

원래 미국 최초의 신교도는 영국 국교회(성공회)였어.

1607년 런던 회사가 신대륙에 영구히 정착할 이민자들을 보냈지.

그들은 예배의 자유에 대한 갈망과 선교 열정과 상업적 동기도 있었죠.

오, 하나님!

돈 벌어 인생 좀 피고 살자.

1607년 성공회 목사 로버트 헌트가 버지니아의 제임스 타운에 한 공동체를 세웠어요.

그런데 버지니아나 다른 식민 지역에 퍼져 있진 않았죠.

버지니아

성공회 당국은 뉴잉글랜드에 감독을 보내지 못했으므로 식민지 시기 동안 힘은 약했죠.

하지만 장로교회와 함께 회중교회는 영국의 식민지 지역에서 큰 무리를 형성하였어요.

장로교회 회중교회
장로교 분리주의 청교도
미국

1620년 뉴잉글랜드의 플리머스에 정박한 필그림 파더스는 원래 영국 국교회를 떠나 네덜란드에 잠시 머물렀던 분리주의 청교도들이었지요.

그 후 10년 뒤 매사추세츠 베이 회사는 수천 명의 청교도들을 보스턴과 인근 지역에 정착시켰죠.

매사추세츠

아메리카

1629-1642 년까지 2만 5천 명이 정착했어.

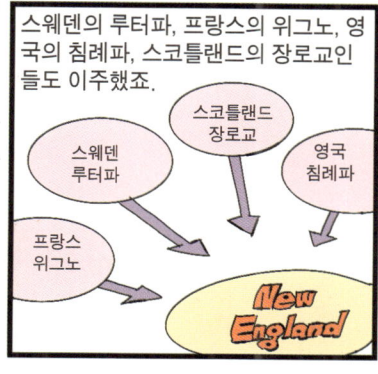

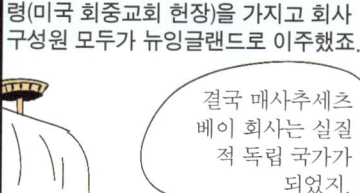

4. 계몽주의 발흥과 부흥의 시대　243

※프로비던스는 로드아일랜드의 주요 항구 도시

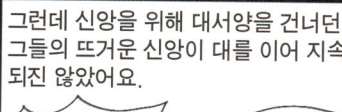

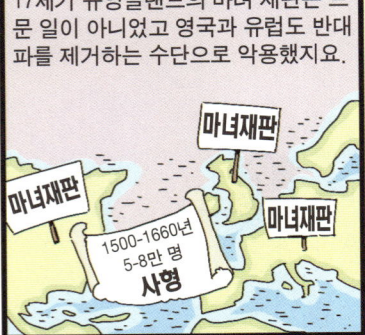

※ 계몽주의의 출현

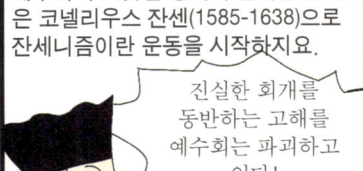

※ 경건주의 운동의 등장

※ 진젠도르프 백작

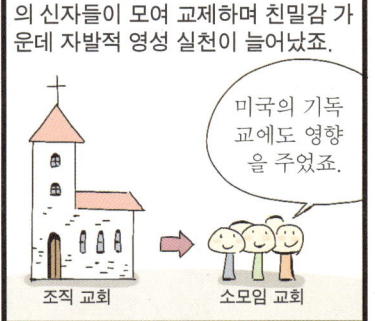

※ 존 웨슬리의 등장

※ 조지 휘트필드의 등장

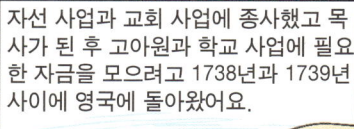

※ 영국의 부흥 운동

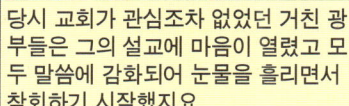

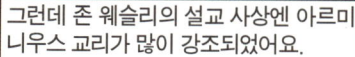

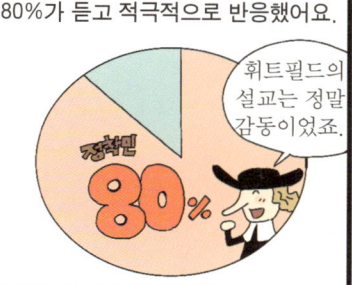

4. 계몽주의 발흥과 부흥의 시대

※ 조나단 에드워즈의 등장

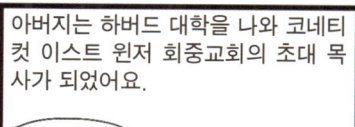

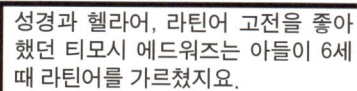

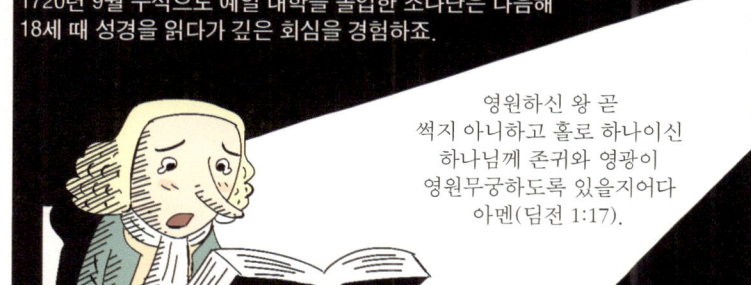

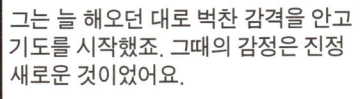

그가 1723년 새해를 맞아 1월 12일에 썼던 결심문의 내용은 다음과 같아요.

하나님의 뜻에 일치하며 주님을 위해 하나님의 은혜로 내가 이 결심들을 지킬 수 있게 하소서. 주님의 영광을 위해 나 자신을 포기하고 내게 있는 모든 것은 다 하나님의 것입니다. 미래의 일도 내게 속한 것이 결코 아닙니다.
어떤 점에서나 아무 권한이 없는 자같이 행동하게 하고
또한 하나님만이 내가 섬길 분이요 그것은 내게 더없는 축복임을 고백합니다.
나의 행복의 일부인 것처럼 그 어떤 것도 바라보지 않고 그와 같이 행동하지도 않겠습니다. 하나님의 법은 나의 순종을 위한 내가 행동해야 할 규범입니다.
내 생명이 다할 때까지 세상과 육신 그리고 마귀와 싸우는 일에
참여할 것입니다.

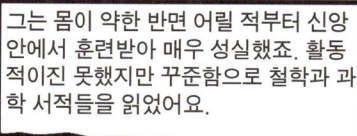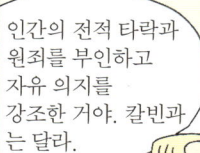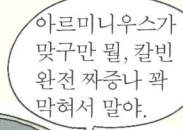

※ 미국의 제1차 대각성 운동

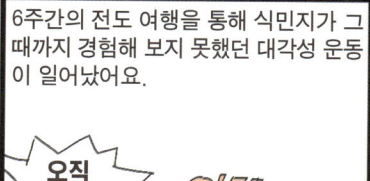
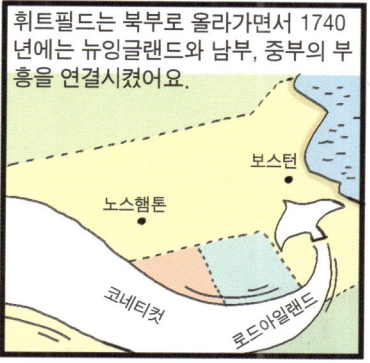

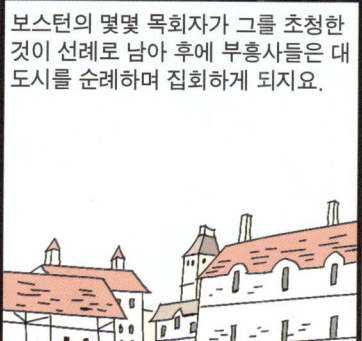

※ 미국의 독립 전쟁

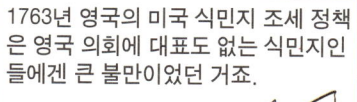

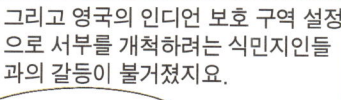

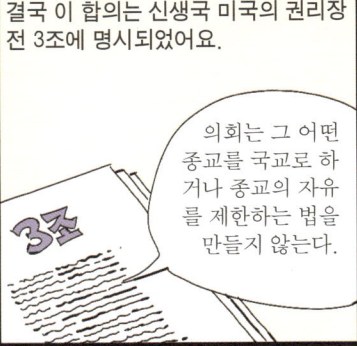
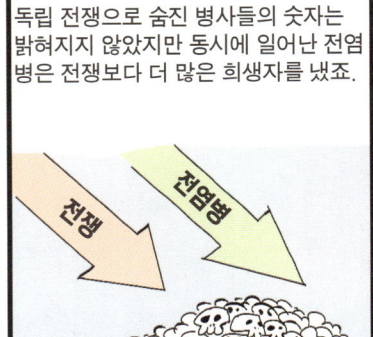

선교의 시대

프랑스 혁명과 영국의 산업 혁명이 유럽을 변화의 바람 속으로 몰고 갔습니다. 19세기 변화의 바람 속에 자유주의가 기독교 신앙을 흔들자 경건주의자들이 일어나 신앙을 수호하고자 힘썼고, 변화에 대처하지 못한 교황들은 문을 걸어 잠그고 교황청 안에 들어앉고 말지요.

노동자들의 비참한 삶을 영국 국교회가 방관할 때 구세군 운동이 극빈자들을 위로했고 지방의 한 신문 발행인이 빈민가 아이들을 데려다가 성경을 가르친 것이 주일학교의 출발이었어요. 당시 유럽은 진보하는 사회에서 낙관적 미래를 보았고 윌리엄 캐리는 세계 선교사에 큰 획을 그었어요. 리빙스턴은 아프리카 탐험을 통해 노예들의 비참한 실상을 공개하였고 윌버포스는 영국 의회에서 최초로 흑인 노예 문제를 거론합니다.

성서공회를 통한 성경 보급이 활발해졌고 미국의 개신교는 서부 개척과 함께 놀라운 부흥 운동을 일으키지요. 남북 전쟁이 끝난 후 복음주의 교파들이 열심을 내었고 주일학교가 활성화되면서 수많은 미래 사역자들이 배출되었고 무디를 통한 전도 집회는 세계 선교에 큰 영향을 미쳤어요.

※ 프랑스 대혁명

1776년 북미 식민지들의 영국으로부터의 독립 선언은 계몽주의 사상으로 인해 변해야 한다는 자각을 느끼고 있던 유럽인들에게 큰 충격을 주었죠. 특히 유럽에서 가장 인구가 많은 프랑스는 정치, 사회, 경제적으로 매우 불안했고 신권 왕정 밑에서 봉건주의적 신분 제도의 모순에 커다란 불만을 품고 있었어요.
그런 가운데 사회적, 정치적 개혁을 주장하는 철학자들은 자유주의 바람에 불을 붙였고 프랑스 당국은 미국의 독립 전쟁에 참여하느라 매우 큰 재정 부담을 안고 말았어요.

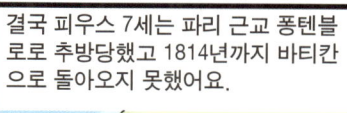

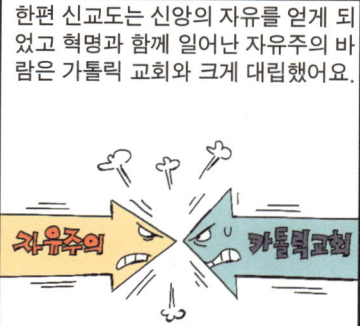

5. 선교의 시대

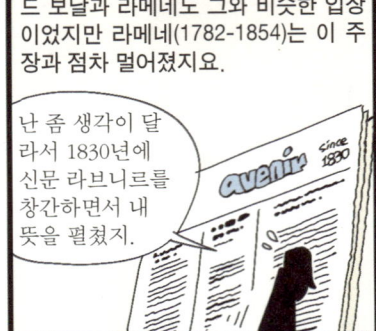

※ 비스마르크의 독일 통일

※ 영국의 산업 혁명

※ 윌리엄 부스의 구세군 등장

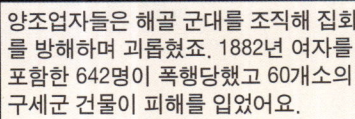

그는 책에서 가난한 자들의 빈곤과 악습을 없애기 위해 10가지 방안을 제시하였죠.

1. 실업자 구제 기관
2. 농촌 실업자 구제 기관
3. 해외 실업자 구제 기관
4. 가정 범죄 구조대단
5. 매춘부를 위한 구제의 집
6. 알코올 중독자 구제
7. 교도소 방문 대원
8. 빈민을 위한 은행
9. 빈민을 위한 변호사
10. 빈민가에 화이트채플 설립

※ 로버트 레익스의 주일학교 운동

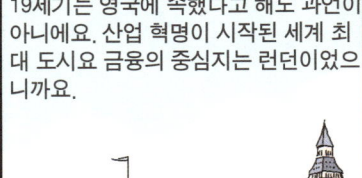

※ 현대 선교의 아버지 윌리엄 캐리

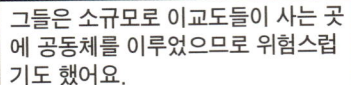

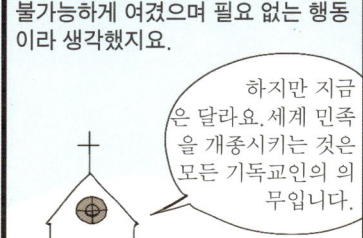

※ 미얀마 선교사 아도니람 저드슨

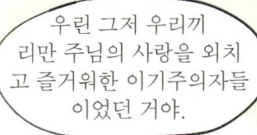

※ **아프리카 선교사 리빙스턴**

5. 선교의 시대　303

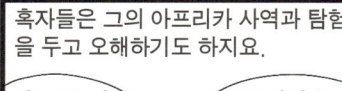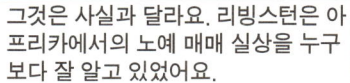

※ 윌리엄 윌버포스의 등장

〈3C 원리 : 19-20세기 초 영국이 취한 식민지 정책. 남아프리카 케이프타운, 이집트의 카이로, 인도의 캘커타를 연결하는 정책. 세 지역의 머리 글자가 모두 C이므로 이렇게 부른다.〉

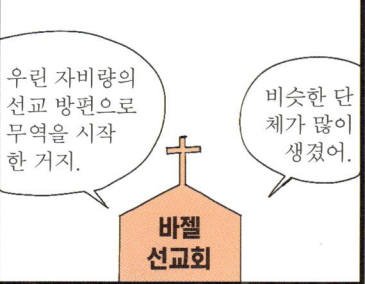

※ 허드슨 테일러의 등장

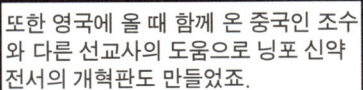

로티문 (1840-1912)　에이미 카마이클 (1857-1951)

※ 영국 성서공회의 성경 보급

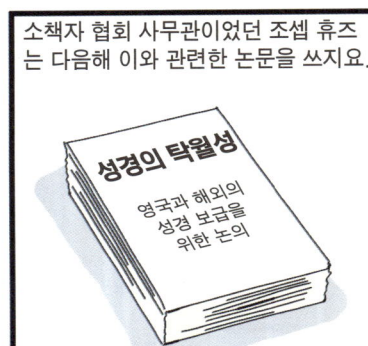

※ 미국 성서공회

※ 미국의 제2차 대각성 운동

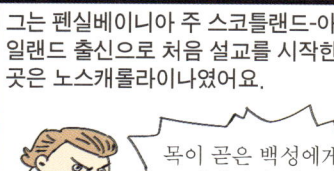

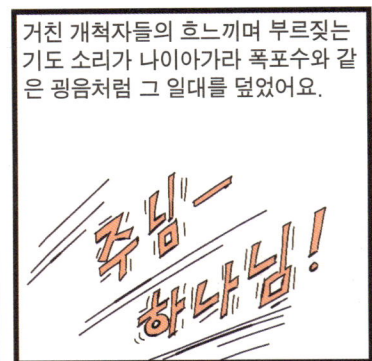

※ 찰스 피니의 등장

미국 감리교는 독립 전쟁 이전까진 교파도 형성하지 못했지만 1855년엔 150만 명 이상의 교파로 성장했죠.

침례교도 미국 제2의 개신교단으로 특히 남부 버지니아 지역에서 크게 성장했어요.

장로교는 두 교단보다 성장률이 낮았지만 교세 확장보다 교단의 내실을 다지는 성장에 힘썼어요.

좋은 성장만 있던 건 아니었죠. 장로교는 1837년 회중교회와의 견해 차이로 구학파와 신학파로 분열되었죠.

그리고 노예 폐지에 대한 문제로 반대하는 북부 쪽과 찬성하는 남부 쪽으로 다시 분열을 맛보게 되었어요.

같은 문제로 감리교도 남부가 분열해 남감리교회가 조직되었고 두 감리교회가 연합한 1939년까지 이어졌어요.

1845년엔 침례교도 마찬가지로 미침례교 연맹과 남침례교로 분열되어 지금까지 독립된 길을 가고 있지요.

2차 대각성 운동으로 국내, 해외 선교가 활성화되었고 도덕 개혁이나 금주와 같은 사회 개혁이 성과를 거두었어요.

미국 해외선교회(1810), 미국 교회협의회(1815), 미국 성서공회(1816), 미국 문서선교회(1825), 미국 내지 선교회(1826), 미국 교회학교 연합회(1829)가 그 과정에서 생겨났죠.

2차 대각성 운동이 가져다 준 또 하나의 영향은 각종 이단의 등장이었어요.

이단의 전성 시대로 신학적 혼란과 대립에도 미국은 어디서도 찾아볼 수 없는 기독교의 부흥기를 달리고 있었죠.

미국은 이단이건 비신자이건 풀어야 할 큰 숙제가 있었죠. 바로 아프리카에서 끌려온 흑인 노예 문제였어요.

※ 미국의 남북 전쟁

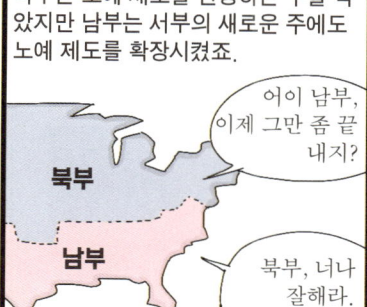

사우스캐롤라이나 침례교 목사 리처드 퍼만

※ 에이브러햄 링컨

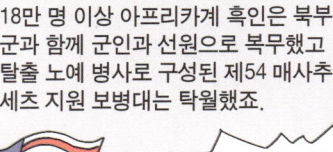

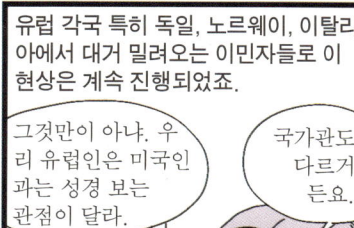
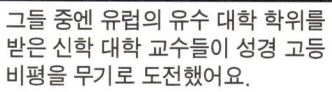

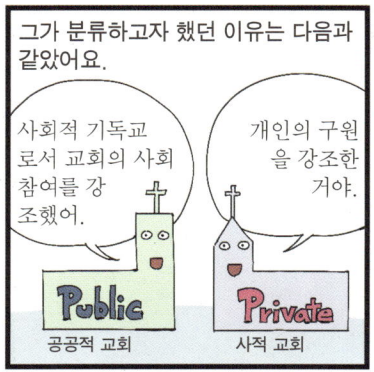

※ 무디의 등장과 제3차 대각성 운동

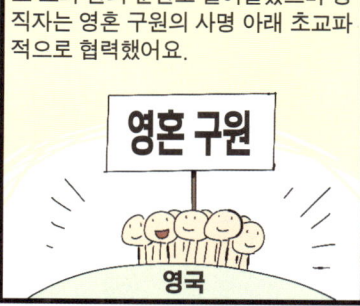

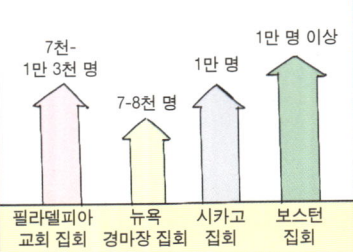

이념의 시대와 냉전을 넘어 21세기를 향하여!

20세기의 출발은 현재의 오순절파로 이어지는 미국의 아주사 거리의 기적과 함께 시작되었지만 세계는 이데올로기의 지배를 당하게 됩니다. 제국주의, 민족주의를 앞세우며 히틀러는 엄청나게 많은 유대인을 학살했으며 소련은 공산주의를 앞세우고 피를 흘렸고 아시아는 일본의 야욕으로 인한 광기에 신음했어요. 제1차, 2차 세계 대전은 너무도 많은 것을 파괴했으며 힘을 잃은 교회는 부흥이 멈춘 것처럼 보였어요. 전쟁의 종식과 함께 찾아온 공산주의 진영과 자유주의 진영 간의 냉전시대는 20세기 지구촌에 긴장감을 조성했습니다.

교회는 에큐메니칼 운동과 함께 자유주의 신학의 바람이 몰아쳤고 복음주의자(근본주의자)들은 정통 신학의 본질을 잃지 않으려고 힘썼고 은혜에 의한 구원과 전도에 초점을 맞추고 세계 선교에 온 힘을 쏟았지요. 21세기 교회들은 예수 그리스도의 복음을 쉽고 간결하게 신앙의 근본 교리를 강조하면서 주님의 명령을 따라서 지금도 땅 끝을 향해 가고 있습니다.

※ 아주사 거리의 부흥 운동

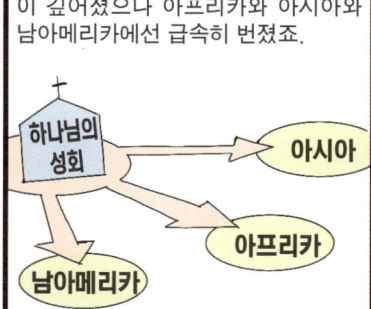

※ 이데올로기와 전쟁의 서막

※ 본 회퍼

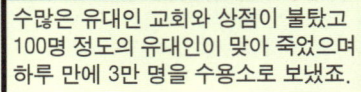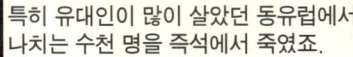

※ 근본주의의 등장

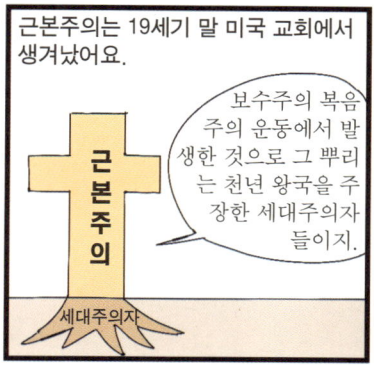

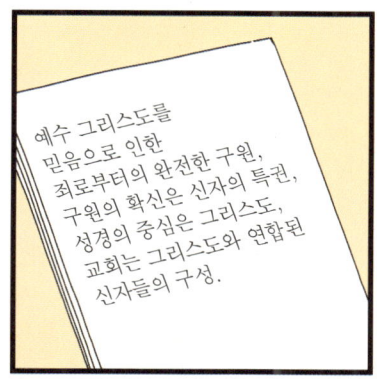

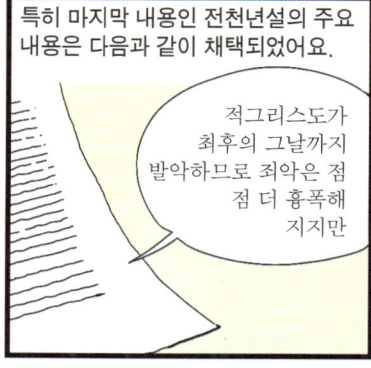

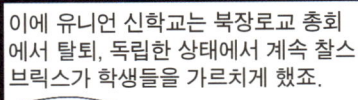

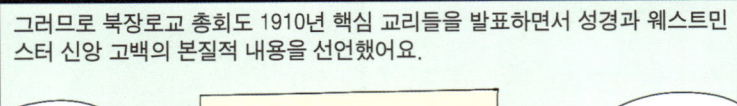
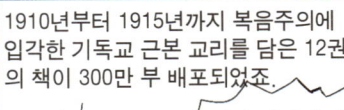

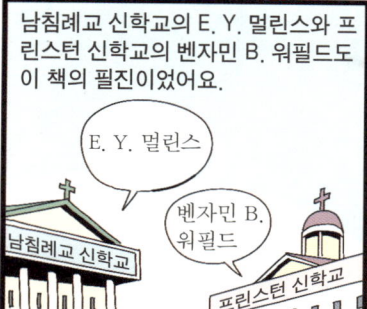
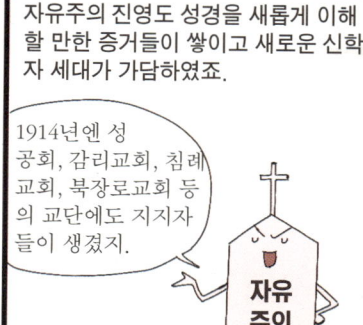

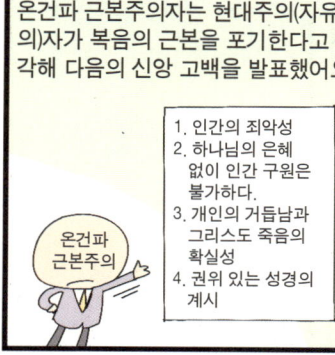

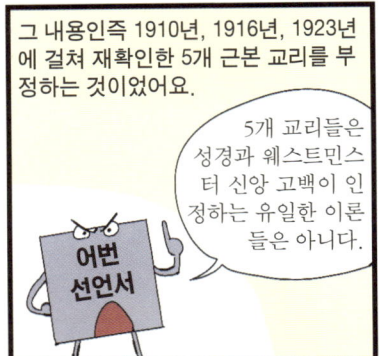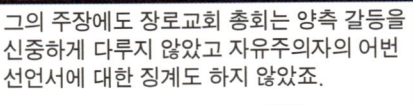

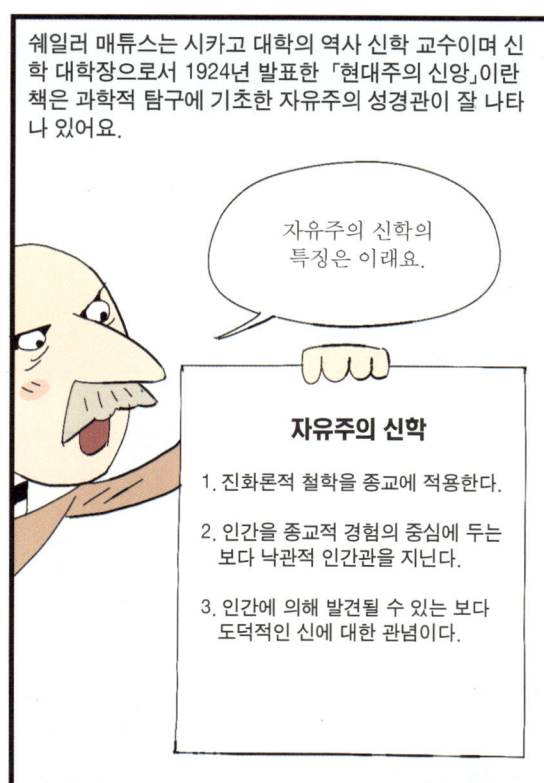

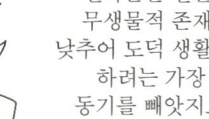

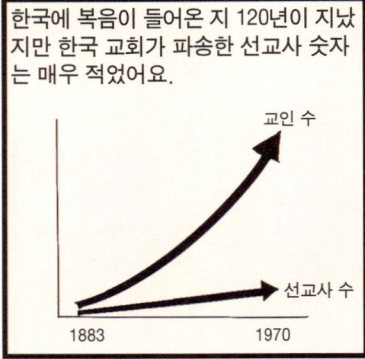

교회사 주요 연대표

[중세교회 - 현대교회]

A.D.

1309	교황 클레멘스 5세의 아비뇽 유수(교회의 바벨론 유수)
1347-1350	유럽을 휩쓴 흑사병의 창궐
1378	교황권의 대분열
1409	피사 공의회
1413-1414	롤라드파의 봉기와 진압
1414-1418	콘스탄스 공의회
1415	보헤미아의 존 후스 순교
1431	바젤 공의회
1453	오스만 투르크 제국에 의해 동로마제국
1456	최초의 인쇄 성경 구텐베르크 성경 인쇄
1492	콜럼버스의 신대륙 발견
1509	칼빈 출생
1517	마르틴 루터가 비텐베르크 성당 문에 95개 조항을 붙임
1519	마르틴 루터와 요한 엑크의 라이프치이 논쟁
1521	보름스 회의 마르틴 루터 파문
1524-1525	틴데일의 영어 신약성경 첫 발간
1524	덴마크어 성경 출간. 프레드릭 1세의 교회개혁 지지
1525	독일 농민 반란
1525	스위스 형제단으로부터 재세례파 탄생
1530	네덜란드 뮌스터시 반란사건
1533	스페인의 프란치스코 피사로 잉카제국 정복
1534	신, 구약 성경의 독일어 완역본 발간 / 영국 헨리 8세 수장령 발표
1536	칼빈의 기독교 강요 초판 발행
1541	칼빈의 제네바 개혁 시작
1544	스웨덴 루터교를 공식종교로 선포
1545	최초의 루터파 대회 / 트렌트 공의회 시작

1546	스코틀랜드 종교개혁 운동가 조지 위샤트 순교
1553	영국 메리 튜더 여왕(피의 메리)의 통치 시작
1555	독일 아우구스부르크 종교회의 / 가톨릭, 루터교 조약맺음
1558	영국 엘리자베스 여왕 통치 시작.
1559	칼빈 제네바 아카데미 설립, 칼빈 기독교 강요 최종판 출간
1561	스코틀랜드 존 녹스 장로교회 총회 조직.
1572	바돌로매의 날 학살사건, 위그노교도 7만명 대학살
1611	킹 제임스 성경 제 1판 출간
1618-1648	최후의 종교 전쟁 : 30년 전쟁
1618-1619	도르트 회의 개최. 아르미니우스 교리 정죄. 칼뱅의 5대 교리 확정
1620	영국의 분리파 100여명이 메이플라워 호를 타고 플리머스에 정박(필그림 파더)
1625	영국 찰스 1세 청교도 핍박
1624-1651	영국 왕당파와 의회파간의 내전
1678	존 번연의 천로역정 출간
1689	아메리카 식민지에서 예배 자유법 선포
1732	경건주의 운동인 모라비안 교도들의 제 1차 선교사 파송
1734	뉴 잉글랜드의 조나단 에드워즈 목사의 대부흥 집회
1739	제1차 대각성 운동의 시작
1773	보스턴 차 사건 발발 독립전쟁의 도화선이 됨
1783	영국 파리조약 발표 미국의 독립 공식 인정
1789	프랑스 대혁명 시작
1854	교황 피우스 9세 교황 무오설 선포
1878	윌리엄 부스 부부 구세군 창설
1780	로버트 레익스 주일학교 시작
1792	윌리엄 캐리 선교협회 창설
1812	아도니람 저드슨의 미얀마 선교 출발
1841	리빙스턴의 아프리카 선교 시작
1789	윌리엄 윌버포스 영국 의회에서 노예 매매 문제 거론
1804	대영 성서공회 설립
1854	허드슨 테일러의 중국 선교 시작
1798	미국의 제2차 대각성 운동
1823	찰스 피니의 부흥사역 시작
1859	드와이트 무디의 본격적인 전도사역 시작
1861	미국의 남북전쟁 발발. 에이브러햄 링컨 미국 대통령 취임
1863	미국 노예 해방령 발표
1875-1877	무디를 중심으로 한 미국의 제3차 대각성 운동
1885	미국 아펜젤러 부부 언더우드 선교사 한국 선교 시작
1906	미국 L.A. 아주사 거리의 성령 부흥운동의 시작
1929	미국의 경제공황 / 라테란 조약 체결
1933	독일의 나치즘과 아돌프 히틀러의 정권 장악과 전체주의 시작
1945	독일 고백교회 목회자 본 회퍼 순교

사명선언문

너희가 흠이 없고 순전하여……세상에서 그들 가운데 빛들로
나타내며 생명의 말씀을 밝혀 _ 빌 2:15-16

1. 생명을 담겠습니다
만드는 책에 주님 주신 생명을 담겠습니다.
그 책으로 복음을 선포하겠습니다.

2. 말씀을 밝히겠습니다
생명의 근본은 말씀입니다.
말씀을 밝혀 성도와 교회의 성장을 돕겠습니다.

3. 빛이 되겠습니다
시대와 영혼의 어두움을 밝혀 주님 앞으로 이끄는
빛이 되는 책을 만들겠습니다.

4. 순전히 행하겠습니다
책을 만들고 전하는 일과 경영하는 일에 부끄러움이 없는
정직함으로 행하겠습니다.

5. 끝까지 전파하겠습니다
모든 사람에게, 땅 끝까지, 주님 오시는 그날까지
복음을 전하는 사명을 다하겠습니다.

서점 안내

광화문점 서울시 종로구 새문안로 69 구세군회관 1층
02)737-2288 / 02)737-4623(F)

강남점 서울시 서초구 신반포로 177 반포쇼핑타운 3동 2층
02)595-1211 / 02)595-3549(F)

구로점 서울시 동작구 시흥대로 602, 3층 302호
02)858-8744 / 02)838-0653(F)

노원점 서울시 노원구 동일로 1366 삼봉빌딩 지하 1층
02)938-7979 / 02)3391-6169(F)

일산점 경기도 고양시 일산서구 중앙로 1391 레이크타운 지하 1층
031)916-8787 / 031)916-8788(F)

의정부점 경기도 의정부시 청사로47번길 12 성산타워 3층
031)845-0600 / 031)852-6930(F)

인터넷서점 www.lifebook.co.kr